Annette Sidler
Abseits des Mainstreams
Eine Lehrerin über Schule und Lernen

AF191300

Annette Sidler

Abseits des Mainstreams

Eine Lehrerin über Schule und Lernen

Bibliografische Information der
Deutschen Nationalbibliothek:
Die Deutsche Nationalbibliothek verzeichnet diese
Publikation in der Deutschen Nationalbibliografie;
detaillierte bibliografische Daten sind im Internet
über http://dnb.dnb.de abrufbar.

Bild Umschlag: Tamanna Rumee / Pixabay

Herstellung und Verlag:
BoD – Books on Demand, Norderstedt

ISBN: 978-3- 7583 -7468-5

Inhaltsverzeichnis

Als ich 5 Jahre alt war, sagte mir meine Mutter immer, dass das Glücklichsein das Wichtigste im Leben ist. Als ich zur Schule ging, fragten sie mich, was ich sein wollte, wenn ich erwachsen war. Ich schrieb «glücklich» hin. Sie sagten mir, dass ich die Aufgabe nicht verstanden habe, und ich sagte ihnen, dass sie das Leben nicht verstanden hatten.

John Lennon

Ein berührendes Erlebnis

Ich erinnere mich noch gut an das Gefühl, als ich 2013 den Bildungskongress «Schulen der Zukunft» in Zürich besuchte. Damals war ich als angestellte Lehrerin ständig von Zweifeln geplagt, ob das traditionelle Schulsystem wirklich das Richtige für die Kinder und Jugendlichen sei. Obwohl ich selbst gerne in die Schule ging und mir das Lernen leicht fiel, begann ich irgendwann ernsthaft an meiner Berufswahl zu zweifeln.

Zurück zum Erlebnis des Kongresses. Er begann mit einem Film, der einen musikalischen Flashmob zur «Ode an die Freude» zeigte und mich sehr berührte. Tränen der Freude liefen mir über die Wangen. Die ganze Veranstaltung war wie eine Erleuchtung: Endlich wurde ausgesprochen, was ich schon immer gefühlt hatte. Ich wollte eine andere Schule.

Es begann eine lange Odyssee des Selbststudiums und der Umsetzung eigener Projekte. Ich begab mich auf eine Forschungsreise, wollte herausfinden, wie es gelingen kann, Schule kindgerecht zu gestalten und was es braucht, damit aus Kindern selbständig denkende und verantwortungsbewusste Erwachsene werden. Ich las unzählige Bücher über alternative Schul- und Lernformen und über die Entfaltung individueller Potenziale. Und ich las auch Bücher von Schulkritikern.

Etwas in mir trieb mich an, ich recherchierte, dachte nach, bildete mich weiter und organisierte sogar einen Online-Kongress mit dem Titel «Schule im Wandel», bei dem ich verschiedene Menschen, die sich mit dem Thema Bildung beschäftigten, interviewte. Zwar ist der Kongress nicht mehr online, aber das gleichnamige Buch ist immer noch erhältlich, da ich alle Interviews transkribiert habe.

Die Antworten, die ich erhalten habe, und auch mein Selbststudium haben mir zwar Bestätigung und auch neue Erkenntnisse gebracht. Aber ich spürte, irgendetwas fehlte noch.

Im Jahr 2017 hatte ich ein eine Erschöpfungsphase. Kurz darauf traf ich die Entscheidung, vorerst keine feste Anstellung mehr anzunehmen. In der Zwischenzeit arbeitete ich als Verkäuferin, in einem Kinderhort und in einer Biogärtnerei.

Doch immer wieder zog mich das Thema Schule an. Schliesslich stiess ich auf das Konzept des Homeschooling und befasste mich damit. Heute begleite ich eine Familie im Kanton Bern als pädagogische Begleitperson mit regelmässigen Besuchen und eine andere Familie im Kanton Zürich. Nebenbei übernehme ich immer wieder Stellvertretungen an der öffentlichen Schule oder gönne mir Phasen ohne Unterrichtstätigkeit.

Dies ist mein dritter Anlauf, ein eigenes Buch über die Schule zu schreiben. Den ersten Versuch habe ich vor elf Jahren unternommen.
Jetzt fühlt es sich richtig an. Ich schreibe es vor allem für mich selbst, um mich zu befreien. Das Buch hat nicht unbedingt einen roten Faden und ein richtig dickes Buch ist es auch nicht geworden. Es gibt einfach einen Einblick in meine persönlichen Gedanken und Erfahrungen und soll dich inspirieren. Ich hätte noch viel mehr schreiben können, das Thema ist so vielschichtig. Aber

irgendwann ist genug und schliesslich soll dieses Buch kein Lehrbuch sein.

Und damit auch dieser Punkt geklärt ist: Ich verzichte bewusst auf das Gendern.

Nun wünsche ich dir viel Spass beim Lesen!

Schule ist jenes Exil, in dem der Erwachsene das Kind solange hält, bis es imstande ist, in der Erwachsenenwelt zu leben, ohne zu stören.

Maria Montessori

Eine persönliche Betrachtung des heutigen Schulsystems

Die Schule als klassische Bildungseinrichtung funktioniert, aber....

Aus eigener Beobachtung und Erfahrung kann ich sagen, dass es in den Schulen gut läuft. Eigentlich.

Obwohl ich mich für den Lehrerberuf entschieden habe, stehe ich dem System Schule kritisch gegenüber. Mir fallen Dinge auf, die nicht zu meinem Verständnis von Kindheit, Lernen und Menschenbild passen.

Die heutige Schule ist auf den genormten Schüler ausgerichtet. Immer weniger Kinder und Jugendliche passen in dieses normierte Schema.
Gründe dafür können sein, dass sie dem Lernstoff nicht folgen können, dass sie unterfordert sind oder ein sogenannt auffälliges Verhalten zeigen, das in einer «normalen» Schule stört.

Die Schule versucht mit aufwändigen Lösungen Abhilfe zu schaffen: Einsatz von Sonderpädagogen und Klassenassistenten, spezielle Settings oder Therapien und vieles mehr. Trotzdem sind immer mehr Lehrpersonen nach wenigen Jahren Unterrichtstätigkeit ausgebrannt. Viele Lehrpersonen beklagen, dass die bürokratische Arbeit übermässig viel Zeit in Anspruch nimmt.

Das kann ich bestätigen. In einer Schule mussten wir zum Beispiel bei Arbeitsgruppensitzungen einen genauen Ablauf einhalten und jedes Mal ein Protokoll schreiben, das danach kaum jemand gelesen hat.

Zusammenfassend möchte ich sagen, dass die Schule unter Druck steht und darauf mit Massnahmen reagiert, die wiederum Druck ausüben. Diese Massnahmen mögen kurzfristig Wirkung zeigen, aber der Zustand unserer öffentlichen Schule zeigt, dass sie nicht ausreichen. Die Massnahmen werden oft als Hilfe dargestellt, aber dahinter steckt für mich die Angst vor Kontrollverlust, Versagen und Scheitern. Das halte ich für eine ungesunde Haltung.

Das Gesagte gilt übrigens auch für Eltern und andere Akteure im Schulsystem. Ich erlebe, dass Menschen, die in dieser Angst gefangen sind, meine Art der Schulkritik oft nicht verstehen.

Aber ich frage mich, wie Kinder lernen sollen, sich frei und ohne Angst zu entfalten, wenn das System selbst nicht auf Urvertrauen baut?

Gleiches gilt für alle privaten Massnahmen, die darauf abzielen, den Lernerfolg der Kinder zu verbessern. Eltern investieren oft Geld in Nachhilfestunden, weil sie befürchten, dass ihre Kinder ohne gute Noten keinen Erfolg haben werden.

Meiner Meinung nach sind diese zusätzlichen Ausgaben jedoch meistens wenig hilfreich. Ich kenne viele Schüler, die trotz dieser Interventionen leistungsschwach geblieben sind. Ich kenne auch Eltern, die wollen, dass ihre Kinder studieren. Werden diese Kinder denn gefragt, ob sie das auch wollen?

Lehrpersonen, das Menschenbild und Gefühle

Da ich in vielen verschiedenen Schulhäusern gearbeitet habe, habe ich zahlreiche Lehrpersonen kennengelernt. Sehr viele Lehrer unterrichten mit wirklich grossem Herzblut. Ich spüre und sehe ihre Hingabe und ihr Engagement. Es ist unglaublich interessant zu beobachten, wie vielfältig die Möglichkeiten sind, den Stoff zu vermitteln und eine Klasse zu führen.

Ein Lehrermentor erklärte mir einmal, dass Unterrichten eine Kunstform sei. Und ich denke, er hat Recht. Jeder Lehrer bringt eine individuelle Persönlichkeit und Überzeugungen mit in den Beruf, die er mit den täglichen Aufgaben in Einklang bringen muss. Er trägt eine grosse Verantwortung und kann den Kindern viel mit auf den Weg geben.

Deshalb möchte ich dich, liebe Lehrperson, würdigen und dir für dein tägliches Hinstehen, Hinsehen und Wirken danken!

Als Lehrerin habe ich täglich mit Menschen zu tun. Deshalb ist es für mich persönlich wichtig, mir über mein eigenes Menschenbild bewusst zu werden. In meiner Lehrerausbildung wurde dieses Thema zwar auch behandelt, aber ich fand es zu oberflächlich, da vor allem soziale und kulturelle Aspekte im Vordergrund standen.

Ich halte es für genauso wichtig, sich mit dem Innenleben des Menschen zu beschäftigen, mit seinem Fühlen, Denken und Handeln. Dazu gehört auch, die eigene Körperwahrnehmung zu schulen und alle Sinne in den Unterricht einzubeziehen.

In Gesprächen zwischen Lehrern oder über einzelne Schüler werden zwar auch emotionale Komponenten angesprochen. Die Kinder werden in ihren Gefühlen ernst genommen und bei Konflikten wird darüber gesprochen und nach Lösungen gesucht. Trotz dieser positiven Bemühungen scheinen mir insbesondere Wahrnehmungs- und Bewusstseinsaspekte in der schulischen Realität zu kurz zu kommen. Vielleicht täusche ich mich, aber mein Eindruck ist, dass vor allem die kognitive Entwicklung im Vordergrund steht.

Eine Lehrerin macht mit ihrer Klasse regelmässig Dankbarkeitsübungen. Die Kinder schreiben auf einen Zettel, wofür sie gerade dankbar sind. Diese

Zettel werden in einem Glas, dem Glücksglas, aufbewahrt. Manchmal war ich bei diesen Stunden dabei, weil ich einen Schüler begleitete. Ich konnte beobachten, dass es manchen Kindern am Anfang sehr schwerfiel, etwas zu finden, wofür sie dankbar waren. Aber durch diese Übung lernten sie etwas über die Gefühle anderer Kinder oder schätzten es, dass auch eine andere Seite von ihnen in der Schule wichtig genommen wurde. Dies ist ein schönes Beispiel dafür, wie man in der Schule auch die Bewusstseinsebene ansprechen kann.

Das Ziel jedes Individuums ist Lernen und Wachstum. Wie ein Same, der sich zu einem Baum entwickeln will und auch wird. Eine Buche ist eine Buche und trotzdem finden sich kaum je zwei identische Buchen, weil sie je nach Standort andere Wachstumsbedingungen haben. Genauso verhält es sich auch bei den Menschen. Es ist ein ganzheitlicher Prozess. Jeder Mensch ist einzigartig und hat individuelle Stärken und Schwächen, die es zu entdecken und wertzuschätzen gilt. So können Menschen voneinander lernen.

Ich achte immer auf meine Stimmungen, weil ich weiss, dass sie mir den Weg weisen. Manchmal ärgere ich mich über Schüler, Mitmenschen oder eben das Schulsystem. In solchen Momenten muss ich aufpassen, dass ich nicht in eine Negativspirale gerate und ungerechtfertigte Schuldzuweisungen mache. Ich versuche, mit meinem eigenen Frust umzugehen, denn der Ärger über jemanden oder etwas ist letztlich mein Problem. Zum Beispiel hat der Schüler, der mich ärgert, nicht unbedingt direkt etwas damit zu tun. Er ist oft nur der Auslöser und reflektiert Themen, an denen ich arbeite.

Wenn ich aus dem Gleichgewicht gerate oder nicht authentisch bin, spüren die Kinder das und fangen an, mich zu prüfen. Das erlebe ich immer wieder. Einmal hatte ich keine Lust zu unterrichten. Ausgerechnet in dieser kritischen Phase fragte mich eine Schülerin, ob ich gerne Lehrerin sei.

Ich merke aber auch sehr gut, wenn ich mit meinem Sein in Frieden bin. Dann fühle ich mich energiegeladener. Meine Stimme ist kräftiger und

der Unterricht läuft in meiner Wahrnehmung rei-
bungsloser, fast wie im Flow.

Selbstwertgefühl und Schulleistung, ein unter-
schätztes Wechselspiel

Ab einem bestimmten Alter beginnt das Kind, sein
Selbstbild zu entwickeln und eine eigene Vorstellung von seinen schulischen Kompetenzen zu entwickeln. Dies ist ein natürlicher Prozess, der es
dem Kind ermöglicht, sich selbst immer differen-
zierter wahrzunehmen und einzuschätzen. Wenn
ein Kind in einer traditionellen Schule lernt, wird
die Leistungsbewertung mit zunehmendem Alter
immer wichtiger, was sich auf die Entwicklung des
Selbstkonzepts auswirkt. Misserfolge können das
Selbstwertgefühl und die Lernmotivation schwächen, besonders wenn das Kind emotional unsicher ist.

Das Selbstkonzept steht in engem Zusammenhang mit der schulischen Leistung. Kinder werden

in der Schule dazu erzogen, Leistungen zu erbringen, die für Eltern und Gesellschaft von Bedeutung sind. Dies wird ihnen früh vermittelt.

Der Begriff «Leistung» sollte jedoch nicht verteufelt werden. Etwas zu leisten, etwas zu schaffen, kann auch beflügeln und viel Freude bereiten. Wenn jedoch eine Leistung erwartet wird, die aus irgendeinem Grund schwer zu erbringen ist, kann das fatale Folgen haben.

Es gibt immer mehr Kinder und Jugendliche, die das Lernen verweigern und keine Lust mehr haben. Das ist ein grosses Problem für die ganze Gesellschaft. Es wird nicht dadurch gelöst, dass man über faule Schüler schimpft. Eine allgemeingültige Lösung gibt es sowieso nicht. Ich glaube aber, dass sich manche Kinder und Jugendliche nicht gesehen fühlen und dass dies im Extremfall zur Lernverweigerung führen kann.

Leistungsdruck kann das Selbstkonzept negativ beeinflussen. Hierzu möchte ich ein Beispiel aus meiner Lehrtätigkeit erzählen. Ein Mädchen steht unter grossem Leistungs- und Leidensdruck, weil sich die Eltern Sorgen um seine schulischen

Leistungen machen. Es hat grosse Schwierigkeiten beim Schreiben und Rechnen und besucht deshalb eine Lektion bei der Förderlehrerin. Obwohl es sichtbare Fortschritte macht und diese selbst bemerkt, will es nicht mehr in die Förderstunde. Die Begründung lautet: «Ich möchte nicht aus der Klasse raus, weil die anderen Kinder dann denken, ich sei dumm.»

Auch der ausserschulische Einfluss auf das schulische Selbstbild des Kindes darf nicht unterschätzt werden. Was ein Kind erlebt, bevor es in die Schule kommt, und was es ausserhalb der Schule erlebt, ist sehr prägend. Dies ist einfach ein Fakt. Aber es ist für mich als Lehrperson oft schwierig dagegen anzugehen, wenn ein Kind zu Hause wegen mangelhafter Leistungen abgewertet wird oder sich nur als wertvoll betrachtet, wenn es gute Noten macht.

Als ich Fachlehrerin für Deutsch als Zweitsprache war, kam ein Schüler ganz besorgt zu mir. Er sollte das Schulzeugnis zum Unterschreiben nach Hause bringen und befürchtete, dass seine Eltern ihn schlagen würden, wenn sie die Noten sehen.

Ich begleitete den Jungen zum Klassenlehrer. Dieser organisierte ein Treffen mit den Eltern, um ihnen das Zeugnis zu erklären, und händigte es ihnen erst danach aus.

Leider war dies nicht der einzige Fall, den ich miterlebt hatte.

(Selbst)Verantwortung

Der Begriff Bildung umfasst mehr als nur das schulische Lernen, wie Lesen, Schreiben und Rechnen. Daher ist es wichtig, die Verantwortung in der Bildung aus verschiedenen Perspektiven zu betrachten.

Es gibt eine Vielzahl von Verantwortungsträgern: Vom Individuum über die Familie bis hin zu Lehrkräften, Behörden, Forschung, Gesellschaft, Politik und Wirtschaft. Jeder Beteiligte hat seine eigenen Zuständigkeiten und Anforderungen, was die Sache an sich schon sehr komplex macht. Die Frage, wer letztlich die Verantwortung für Bildung trägt, bleibt meiner Meinung nach in der breiten Öffentlichkeit oft unbeantwortet. Ein Interviewpartner meines Online-Kongresses sagte, dass es eine Verantwortungsverwirrung gibt. Ich finde den Begriff treffend.

Es wäre schön, wenn jeder ab einem gewissen Alter Verantwortung für sein eigenes Lernen und Leben übernehmen würde. Um die volle Verantwortung für sich selbst zu übernehmen, muss man oft neue Wege gehen und auch einen Schritt ins Unbekannte wagen.

Ein persönliches Beispiel: Als ich in die Erschöpfungsphase fiel, wurde ich krankgeschrieben. Die Schule schlug vor, ein Case Management einzurichten, um mich stufenweise wieder zu integrieren. Zu diesem Zeitpunkt wusste ich bereits, dass ich dort nicht weiter unterrichten wollte. Ich wollte nicht, dass andere über mich entscheiden und so beschloss ich, zu kündigen und damit auch auf das Krankengeld zu verzichten. Diese Entscheidung ist mir nicht leicht gefallen. Sie zwang mich, nach neuen Lösungen zu suchen. Aber ich wollte ehrlich zu mir selbst sein, das war mir wichtiger als Geld.

Im Lehrplan 21 wird das Thema Verantwortung als wichtiger Bestandteil der überfachlichen Kompetenzen beschrieben. Selbstverantwortung ist dabei ein spezifischer Aspekt, der die persönliche Verantwortung jedes Einzelnen für sein eigenes Handeln und Wohlbefinden betont.

In der Praxis erhalten die Schüler zum Beispiel durch «Klassenämtli» (Tafel putzen, Blätter verteilen, Boden wischen usw.) die Möglichkeit, im Schulalltag Verantwortung zu übernehmen. Hausaufgaben werden oft auch als Mittel zur Stärkung der Eigenverantwortung gesehen. Ich bin jedoch skeptisch, ob Hausaufgaben wirklich diesem Zweck dienen können. Wenn das Nicht-Erledigen von Hausaufgaben bestraft wird und in die Beurteilung des Lernverhaltens im Zeugnis einfliesst, wirkt das eher als Erziehungsmassnahme.

Apropos gelebte Verantwortung: Wusstest du, dass es Schulen (in Deutschland) gibt, die das Fach «Verantwortung» im Stundenplan haben? Oberstufenschüler engagieren sich während eines halben oder ganzen Schuljahres an einem ausserschulischen Ort, wie zum Beispiel einer Kita, einem Altersheim, einem Tierheim oder einer Bibliothek. Dort können sie Verantwortungsbewusstsein und Sozialkompetenz entwickeln oder vertiefen. Vielleicht erfahren Jugendliche so zum ersten Mal in ihrem Leben, dass sie wichtig sind.

Problemfelder im Bildungssystem

Im Schulsystem gibt es wie überall Ungereimtheiten und Schwierigkeiten. Vielleicht sieht es nicht jeder so, aber manchmal habe ich das Gefühl, dass es schon bemerkt wird. Leider wird oft zu wenig dagegen unternommen oder zu lange gewartet.

Wenn ich mir Leserkommentare zu Artikeln über Schule und Lehrer ansehe oder mit Menschen über Schule und Lernen spreche, fallen mir zwei Dinge auf. Erstens scheinen viele Menschen ihre Meinung zu äussern, ohne genau zu wissen, wie der Arbeitsalltag von Lehrern aussieht. Zweitens scheinen manche Menschen nicht bereit zu sein, ihre Denkgrenzen zu erweitern und ihre Komfortzone zu verlassen. Sie wollen es so, wie es früher war.

Ich glaube auch, dass viele Menschen immer noch leicht manipulierbar sind. Es gibt die Theorie der Massenpsychologie von Gustave Le Bon und ich vermute, dass man sie auch als Erklärung für die oben genannten Phänomene heranziehen kann. Le Bon war ein französischer Sozialpsychologe und er stellte fest, dass Menschen in einer Masse oder einem System anders denken und handeln als in Einzelsituationen. Dies könnte erklären, warum Menschen im kollektiven Umfeld des Bildungssystems stärker von Gruppendynamik und sozialem Druck beeinflusst werden. Dies könnte auch ihre Offenheit für neue Ideen und Perspektiven einschränken. In Verbindung mit der Schwierigkeit, die eigene Komfortzone zu verlassen, könnte dies dazu führen, dass einige Akteure und Beteiligte im Bildungssystem weniger bereit sind, übernommene Überzeugungen kritisch zu hinterfragen.

Ich finde diese Überlegungen von Le Bon interessant und kann die von ihm dargestellten Mechanismen auch bei mir wiederfinden.

Im Folgenden möchte ich auf drei Problembereiche eingehen, die mir besonders am Herzen liegen: Entmutigung durch Noten, Erziehung und Mediennutzung.

Entmutigung durch Noten

Die Verwendung von Noten zur Bewertung von Schülerleistungen kann demotivierend wirken. Oft wird versucht, dieses Problem durch ein spezielles Farbsystem zu mildern, oder es wird nur die erreichte Punktzahl notiert. Meiner Meinung nach ändert dies jedoch nicht grundlegend den Charakter der Bewertung.

Besonders problematisch empfinde ich persönlich die Situation, wenn ich einem Schüler trotz offensichtlich grosser Anstrengung nur eine ungenügende Note geben kann. Das führt bei mir zu einem inneren Dilemma. Einerseits will ich dem

Schüler mitteilen, dass ich seine Bemühungen gesehen habe. Andererseits scheint dies in Anbetracht der Note wenig tröstlich. Am Ende des Tages zählt nur die Note - und das wissen auch die Schüler. Ist es nicht frustrierend für das Kind, wenn trotz aller Anstrengungen am Ende nur die Note zählt? Fühlt es sich nicht betrogen?

Ich finde, Noten sollten abgeschafft werden, zumindest in den ersten sechs Schuljahren. Es ist wichtig, über den Sinn und die Auswirkungen von Bewertungen nachzudenken. Wie wäre es, einfach beim Beobachten und Besprechen zu bleiben, anstatt andauernd zu kommentieren und einzustufen?

Erziehung

Die Grundlagen der Erziehung werden in der Familie gelegt. Es sind verschiedene Erziehungsstile erkennbar, von der Laissez-faire Haltung bis hin zur autoritären Erziehung. Eine relativ neue Entwicklung sind die sogenannten «Helikopter-Eltern». Das Problem für die Schule besteht nicht so sehr im Erziehungsstil an sich, sondern darin, dass in einer Klasse Kinder aufeinandertreffen, die unterschiedlich erzogen wurden. Wenn ein Lehrer nicht konsequent genug ist, nutzen manche Kinder dies aus. Andere fühlen sich unter einem zu strengen Lehrer unwohl.

Die unterschiedlichen Wertvorstellungen und Erziehungsmuster, die die Kinder von zu Hause mitbringen, können daher für die Lehrkräfte eine zusätzliche Belastung darstellen.

Deshalb bemühen sich Schulen darum, klare und verbindliche Verhaltensstandards für die Schüler festzulegen und umzusetzen. Da es manchmal an Zeit für eine effektive Umsetzung fehlt oder andere Prioritäten gesetzt werden müssen, ist das eine tägliche Herausforderung. Das gehört zum heutigen Schulalltag. Lehrer müssen während des Unterrichts innerhalb kürzester Zeit Entscheidungen treffen. Einerseits im Bereich des Lernens, um zum Beispiel einem Kind zu helfen, und andererseits im Bereich des Verhaltens, beispielsweise um störendes Verhalten zu regulieren.

Natürlich werden Eltern über die Verhaltensstandards informiert. Ich habe aber selbst erlebt, dass

Eltern völlig erstaunt sind, wenn sie hören, dass sich ihre Kinder in der Schule ganz anders verhalten als zu Hause.

Es ist also wichtig, dass die Eltern aktiv in das Verhalten ihrer Kinder in der Schule einbezogen werden. Die Eltern sollten die pädagogisch-didaktischen Massnahmen der Schule akzeptieren. So können mögliche Loyalitätskonflikte bei den Kindern vermieden werden. Eine gute Zusammenarbeit zwischen Schule und Eltern ist notwendig, um die Arbeit der Lehrer effektiv zu gestalten.

Zwar bedeutet dies anfangs einen zusätzlichen Aufwand für die Lehrer, doch die Kinder sollten nicht einfach in die Schule geschickt werden, ohne dass die Eltern ihren Teil zur Erziehungsarbeit beitragen.

Mediennutzung

Es ist bekannt, dass sehr viele Kinder und Jugendliche einen hohen Konsum an digitalen Medien aufweisen. Studien belegen mittlerweile einen Zusammenhang zwischen erhöhtem

Medienkonsum und verschiedenen Formen von Entwicklungsstörungen aller Art sowie Hyperaktivität. Darunter leidet das Lernen in der Schule und ich finde, es erschwert ein gesundes soziales Miteinander. Eigentlich ist es Aufgabe der Eltern, die Mediennutzung ihrer Kinder zu kontrollieren. Dass dies längst nicht allen gelingt, ist bekannt. In den Schulen wird zwar über die Gefahren aufgeklärt, und viele Schulen verbieten die Nutzung von Handys während des Unterrichts, aber das hat oft nur eine begrenzte Wirkung.

Diese Entwicklung beunruhigt mich sehr.

Fragen an Systembewahrer

Am Ende des ersten Teils, in dem ich einige kritische und persönliche Überlegungen zur Schule als Ganzes gemacht habe, stelle ich einige Fragen, die jeder Leser für sich selbst beantworten kann. Meine Auswahl ist beschränkt und als Anregung zu verstehen.

Besteht die Möglichkeit, dass manche Menschen Schwierigkeiten haben, sich vorzustellen, dass Kinder von sich aus lernen möchten?

Warum wird oft übersehen, dass Lernen auf einer unsichtbaren Ebene stattfindet? Warum konzentrieren sich die Menschen so sehr auf Inhalte und Ergebnisse und nicht mehr auf den Prozess?

Schränken Belohnungen und Strafen nicht die Kreativität ein und verletzen auf emotionaler Ebene?

Führen mehr Vorgaben tatsächlich zu mehr Lernerfolgen bei Kindern?

Werden Konflikte als Lernmöglichkeit für soziale Entwicklung umfassend wahrgenommen oder besteht hier noch Verbesserungsbedarf?

Warum werden Hausaufgaben selten hinterfragt?

Inwiefern könnte die Fehlerkultur verbessert werden, indem man nicht nur danach fragt, was gut oder schlecht ist, sondern auch, was verändert oder beibehalten werden soll?

Warum täuscht die Schule Chancengleichheit vor?

Wie lassen sich Widersprüche erklären? Zum Beispiel, dass man aus Fehlern lernt, während weniger Fehler in Prüfungen zu besseren Noten führen?

Warum wird nicht mit der Ideologie aufgeräumt, dass gute Noten ein Zeichen für Intelligenz sind?

Welchen Sinn hat der Klassendurchschnitt, wenn sich doch jeder Schüler nur an seinen eigenen Fortschritten messen sollte?

Macht es wirklich Sinn, auf der Primarstufe so viele verschiedene Fächer anzubieten?

Warum traut man Familien nicht zu, die Bildung zuhause selbst zu übernehmen?

Hört ihr den Lehrpersonen zu, die viel Herzblut und Zeit investieren, um dieses System so verträglich, so menschlich und vielleicht auch so individuell wie möglich zu machen?

Jedes Mal, wenn wir einem Kind etwas frühzeitig beibringen, das es später für sich selbst hätte entdecken können, wird diesem Kind die Chance genommen, es selbst zu erfinden und es infolgedessen vollkommen zu verstehen.

Jean Piaget

Das Mädchen und die Könige – ein Märchen

Dieses Märchen habe ich vor einigen Jahren geschrieben. Es symbolisiert meine Auseinandersetzung mit dem Schulsystem.

Vor langer, langer Zeit gab es ein Land, in welchem ein sehr strenger König herrschte.

Der König gab alle Regeln vor. Er alleine bestimmte wie die Häuser aussehen sollten und welche Kleider die Leute tragen sollten. Aber niemand musste Hunger leiden oder stand ohne Arbeit da, alles funktionierte reibungslos.

Fast alles.

Eines Tages machte der König einen Spaziergang ausserhalb der Stadt, er wollte schauen, wie es seinen Untertanen auf dem Land erging. Da kam er in ein Dorf, wo ihm ein Mädchen auffiel, das nicht mit den üblichen Spielzeugen spielte, die alle Kinder im Königreich gratis bekamen. Nein, es spielte mit Sand und Steinen! Der König trat etwas näher und schaute dem Mädchen skeptisch zu.

Dann fragte er es: «Warum spielst du nicht mit den schönen Spielsachen, wie alle anderen es tun?» Das Mädchen war so vertieft in sein Spiel, dass es lange nicht bemerkte, dass der König vor ihm stand. «Ach», sagte das Mädchen, «deine Spielsachen sind viel zu langweilig!» Langweilig? Das verstand der König nicht und wurde wütend. «Du behauptest, die tollen Spielsachen, die es hier in meinem Land gibt, sind dir nicht gut genug? Na warte, du frecher Bengel. Ich rede mit deiner Mutter!»

Die Mutter des Mädchens sah schon von weitem, dass etwas nicht stimmte. Grimmig ging der König auf die Mutter zu und sagte: «In diesem Land müssen alle Kinder mit meinem Spielzeug spielen, das ist ein Gesetz! Wenn deine Tochter weiterhin mit Sand und Steinen spielt, wird sie zur Strafe aus diesem Land verbannt.» «Aber...», wollte die Mutter erwidern. «Sei still! Meine Untertanen sollen gehorchen, nicht denken!» Mit diesen Worten verabschiedete sich der König.

Die Mutter hatte Angst, sie wusste, wie wichtig dem König seine Gesetze waren und dass jede

Übertretung gnadenlos bestraft wurde. «Liebes Kind», begann die Mutter, «ich weiß, du bist anders als die meisten. Aber ich möchte dich nie verlieren. Versprich mir bitte, dass du nie mehr draussen mit Sand und Steinen spielst, wo man dich sehen könnte.» Das Mädchen wollte seiner Mutter keinen Ärger machen und versprach ihr, draussen nur noch mit den Spielsachen des Königs zu spielen.

Inzwischen war der König im Schloss angekommen. Die Sache mit dem Mädchen beschäftigte ihn so sehr, dass er seine Berater zu sich rief. Sie waren sich einig: «Das Mädchen ist eine Gefahr für unser Land! Wir können nicht länger warten und zulassen, dass sich noch mehr Kinder mit anderem Spielzeug beschäftigen. Wir schicken das Kind in die Wüste!»

Schon am nächsten Tag war es soweit. Die Mutter erhielt vom König eine grosszügige Entschädigung. Das Mädchen aber wurde abgeführt und in die Wüste geschickt. Der König rieb sich die Hände: Alles war wieder unter Kontrolle.

Doch der König wusste nicht, dass sich das Mädchen mit den Steinen und dem Sand angefreundet hatte. Die Wüste war ihm nicht feindlich gesinnt und führte es drei Tage und drei Nächte lang auf unsichtbaren Pfaden. Schließlich gelangte sie in ein ihr unbekanntes Land. Die Bewohner empfingen das Mädchen mit offenen Herzen, so dass es sich sofort wohl fühlte. Schnell merkte es, dass hier alles anders war als in seiner Heimat.

Kein Haus glich dem anderen, die Menschen trugen bunte Kleider und die Kinderzimmer waren nicht mit künstlichem Spielzeug vollgestopft. Dem Mädchen fiel auch auf, dass es hier keine Wörter wie «dumm» oder «falsch» gab.

Das Mädchen dachte: «Dahinter steckt ein Geheimnis. Ich möchte zum König dieses Landes gehen und ihn fragen, warum sich hier trotz des scheinbaren Chaos alles zu einem harmonischen Ganzen fügt.»

Es traf den König im Garten. Er war gerade dabei, Setzlinge zu pflanzen.

«Guten Tag, warum machst du dir die Hände schmutzig? Du bist doch der König», sagte das Mädchen zur Begrüssung. Der König lächelte freundlich und antwortete: «Ja, ich bin der König, aber ich lebe genauso wie die anderen Menschen hier.» Und er nahm sich die Zeit, alle Fragen des Mädchens zu beantworten.

Das Mädchen erfuhr, dass es hier nur wenige Gesetze gibt. Dass alle Menschen, ob Kinder oder Erwachsene, gleich sind und alle voneinander und miteinander lernen. Hier gab es auch keine Schulen, in welche die Kinder gehen mussten, um sich den ganzen Tag zu langweilen, wie das Mädchen es von früher kannte.

«Wozu braucht ihr noch einen König, wenn alle hier im Land selbst denken können?», wollte das Mädchen wissen.

«Ich bin der Hüter des Wissens». Das Mädchen fühlte, dass es das Geheimnis entdeckt hatte, aber es konnte es sich noch nicht genau erklären. Es dankte dem König, wünschte ihm alles Gute und ging.

Einige Tage später schrieb es einen Brief an seine Mutter.

«Liebe Mutter, sorge dich nicht um mich. Denn ich lebe und es geht mir gut. Ich habe eine neue Heimat gefunden, in der ich mich frei entfalten kann und keine Angst mehr haben muss. Hier kannst du tausend Fragen stellen, und niemand hält dich für dumm. Ich habe sogar mit dem König gesprochen, er ist sehr nett und weise. In diesem Land würde es dir sicher auch gefallen.»

Jene Menschen, die nur gelernt haben, einem von aussen vorgegebenem Programm zu folgen, stehen in Gefahr, ebenfalls von aussen her «umprogrammiert» zu werden, wenn der Druck einer neuen Gesellschaft es erfordert. Ohne ein aktives inneres Leben und ohne Bewusstsein seiner eigenen Menschlichkeit fehlen selbst dem intelligentesten Menschen jene spezifisch menschlichen Qualitäten, die er von innen her den von aussen aufgezwungenen Programmierungen entgegensetzen könnte, wenn die Integrität seines Seins bedroht wäre.

Rebeca Wild

Lernen

Ich blühe auf, wenn es um das Thema Lernen geht. Lernen bedeutet für mich nicht nur, sich Wissen anzueignen, etwas auswendig zu lernen oder neue Fähigkeiten zu trainieren. Es fasziniert mich, dass das Gehirn sich nicht anstrengen muss, wenn der Körper in Bewegung ist, zum Beispiel beim Einstudieren eines Tanzes. Unser Gehirn funktioniert nicht wie ein Muskel, sondern wie ein Denkapparat.

Schulisches Lernen darf nicht auf das einfache Reiz-Reaktions-Modell reduziert werden. Nachhaltiges Lernen gelingt nicht, wenn man wie in der Dressur einfach eine Aufgabe stellt und versucht, durch Interventionen wie Belohnung oder Bestrafung ein gewünschtes Ergebnis zu erzielen. Lernen muss ganzheitlich sein. So spielen beispielsweise Emotionen und Motivation beim Lernen eine wichtige Rolle.

Ich selbst lerne immer gerne etwas Neues, wenn es mich interessiert. Damit kann ich mich dann stundenlang beschäftigen. Letztes Jahr habe ich zum Beispiel angefangen, mich mit Pilzen zu befassen. Zum ersten Mal in meinem Leben. Ich bin immer wieder in den Wald gegangen, habe Exemplare entdeckt und mich mit Hilfe von Videos und Büchern selbst informiert. In kurzer Zeit habe ich mir viel Wissen angeeignet. Das alles ging leicht und mühelos, weil es mir wichtig war und es Spass machte. Eigentlich sollten auch die Kinder so lernen können.

Im zweiten Teil des Buches möchte ich nun einige interessante Fakten und Ideen vorstellen, die in der Schule oder Lehrerausbildung möglicherweise nicht vermittelt werden.

Wissen wir wirklich, wie Lernen geht?

Im Rahmen meines Online-Kongresses hatte ich ein interessantes Gespräch mit Uta Henrich (wundersameslernen). Was sie mir über das Lernen erzählt hat, war so berührend, dass ich es hier gerne zusammengefasst weitergebe. Wenn im Folgenden «Ich» steht, ist damit meine Interviewpartnerin gemeint.

Der Gedanke, das Lernen zu fördern oder zu sichern, ist weit verbreitet. Sich zurückzunehmen und Beobachter zu werden, um zu sehen, wie Kinder handeln, ist eher schwierig. Dies beginnt meiner Meinung nach bereits bei den Kleinsten.

Als Beispiel fällt mir der Übergang vom Stillen zum selbständigen Essen ein. Mir ist aufgefallen, dass meine Kinder, wenn sie anfangen mit den Händen oder einem Löffel selbst zu essen, zwischendurch immer wieder den Finger in den Mund nehmen und daran saugen. Nach einem kurzen Innehalten essen sie weiter.

Ich habe bei allen meinen Kindern beobachtet, dass sie lernen zu erkennen, wann sie satt sind. Durch Saugen werden sie satt. Aber wenn sie anfangen, feste Nahrung zu essen, müssen sie kauen. Das ist eine ganz andere Bewegung im Mund und ein anderes Schluckgefühl. Ich glaube, manche Kinder müssen ab und zu den Finger in den Mund stecken, daran saugen und spüren, ob sie satt sind. Wenn sie diese Verbindung hergestellt haben oder wenn sich eine neue Verbindung im Gehirn gebildet hat, können sie irgendwann ohne Finger im Mund essen.

Dies ist ein Beispiel dafür, dass Lernen anders abläuft, als wir es uns vorstellen. Es ist etwas, das man nicht erklären, sondern nur beobachten kann. Man kann daraus auch keine Methode machen. Für mich ist es einfach ein Beispiel dafür, dass es Sinn macht, hinzuschauen, zu beobachten und Fragen zu stellen. Es bedeutet für mich, dass ich mehr aus dem Weg gehen, mehr beobachten und mehr wahrnehmen sollte, anstatt zu glauben, dass ich schon weiss, wie es geht.

Wir denken oft, dass wir wissen, wie es geht - sei es mit 45-Minuten-Einheiten oder Hausaufgaben. Ich glaube aber, dass Lernen viel vernetzter ist und sich oft in den Zwischenräumen abspielt.

Ich habe ein anderes Beispiel. Mein jüngster Sohn wurde in die Montessori-Schule eingeschult und lernte sehr schnell. Innerhalb von drei Wochen konnte er viele Buchstaben lesen und sich im Zahlenraum bis 200 bewegen. Später wechselte er die Schule und ging nach England in ein Internat. Als er das erste Mal nach Hause kam, bemerkte ich, dass er einige Wochen danach nicht mehr lesen und rechnen konnte. Ich wusste, dass Lernen anders funktionieren kann, als wir es uns vorstellen. Wenn ich das nicht gewusst hätte, hätte ich mich vielleicht gestresst gefühlt. Sein Nervensystem und sein Wesen waren in diesen Wochen in England auf andere Dinge ausgerichtet. Er hat gelernt, sich in einer fremden Umgebung zurechtzufinden und Zeit mit Menschen zu verbringen, die eine andere Sprache sprechen, die er nicht so gut beherrscht.

Das andere war zwar noch da, ist aber im Moment in den Hintergrund getreten. Irgendwann wird sich alles wieder verbinden und zusammenfinden.

Ich halte es für sehr wichtig, dass wir nicht nur linear denken und davon ausgehen, dass Lernen einer logischen Abfolge folgen muss. Jeder Aspekt hat verschiedene Facetten und kommt aus verschiedenen Richtungen auf das Kind zu.

Faktoren für erfolgreiches Lernen

Im Rahmen einer privaten Ausbildung habe ich mir einmal die Mühe gemacht, möglichst viele Faktoren aufzuschreiben, die beim Lernen eine Rolle spielen. Es sind Einflüsse aus verschiedenen Bereichen. Die Liste ist sicher nicht vollständig. Aber ich biete sie dir hier in meinem Buch an.

Kognitives Lernen:
Erinnern / Kenntnis - Verständnis - Anwendung - Analyse - Synthese – Beurteilung

Affektives Lernen:
Aufmerksamkeit / Bewusstsein - Reagieren - Werten - Organisation / Ordnen von Werten - Charakterisierung durch Werte

Psychomotorisches Lernen:
Imitation - Manipulation (Üben) - Präzision - Handlungsgliederung - Naturalisierung

Kommunikatives Lernen:
Zuhören - Beiträge aufgreifen - Sich einbringen - Stellung nehmen - Sich im Diskurs treffen

Soziales Lernen:

Kommunikation - Empathie - Kooperation - Konfliktfähigkeit - Toleranz

Selbstkompetenz:

Einstellung - Motivation - Ausdauer – Konzentration - Organisation - Kreativität

Ganzheitliches Lernen:

Lernkanäle - Gehirnhälften (angeschaltet sein, Synchronisation) - Speicherkapazität - Vestibularsystem (Gleichgewicht) - Wasserhaushalt - Zellebene - Myelinschicht

Anderes:

Verpasste, nicht genutzte Zeitfenster (sensible Phasen) - Allgemeiner Gesundheitszustand körperlich und psychisch - sichere Umgebung

Die Macht des Geistes

Wir sind nicht nur körperliche Wesen mit einem biologisch funktionierenden Denkapparat. Wir sind auch mit Phantasie und Vorstellungskraft ausgestattet, die zwar auch unserem Gehirn entspringen. Aber es ist dieser Aspekt des Denkens, der uns Menschen zu mehr als einer biologischen Maschine macht.

Die Fähigkeit der Vorstellungskraft und was sie bewirken kann, lässt sich mit einer einfachen Übung eindrucksvoll erfahren. Diese mentale Übung ist ungefährlich und auch für Kinder geeignet. Ich habe sie schon mit mehreren Kindergruppen durchgeführt und die Kinder waren immer sehr erstaunt und überrascht, was ihre eigene Vorstellungskraft alles bewirken kann.

Hier ist die Übung:
Zuerst stellst du dich gerade hin. Dann drehst du deinen Oberkörper entweder nach rechts oder nach links. Achte darauf, dass deine Hüfte stabil bleibt, nur dein Oberkörper und dein Kopf sollen sich drehen.

Wenn du verstanden hast, wie die Drehung funktioniert, wiederholst du sie ganz locker, indem du beide Arme auf Schulterhöhe ausstreckst und mitdrehst. Wenn du mit der Drehung nicht weiterkommst, merke dir einen Punkt an der Wand. Vielleicht hängt dort ein Bild, an dem du dich orientieren kannst. Oder wenn du draussen bist, merke dir den Baum oder etwas anderes, wo dein Endpunkt ist.

Dann kommst du wieder in die Mitte, nimmst die Arme runter und machst die Augen zu. Jetzt benutze deine Gedankenkraft. Stell dir vor, du bist eine Eule, die ihren Kopf fast überall hin drehen kann.

Übe diese Vorstellung so lange, bis du ein klares Gefühl dafür hast.

Öffne nun deine Augen und wiederhole die gleiche Drehung. Du wirst sehen, dass du weiter kommst als vor der Vorstellungsübung.

Wenn du diese Erfahrung gemacht hast, erinnere dich in schwierigen Situationen immer an diese Übung.

Ich selbst habe Höhenangst. Wenn ich beim Wandern auf einen sehr schmalen Weg komme, der auf einer Seite abschüssig ist, bekomme ich weiche Knie und Schweissausbrüche. Wenn ich nicht umkehren kann und auf dem Weg bleiben muss, hilft es mir, mir vorzustellen, ich hätte starke Magnete an den Füssen. Natürlich schaue ich auch nicht in den Abgrund, sondern geradeaus.

Ein extremes Erlebnis, bei dem ich meine mentale Stärke einsetzen musste, war ein Feuerlauf. Ich bin über glühende Kohlen gelaufen, ohne mich zu verbrennen. Dem ging natürlich eine mehrstündige Vorbereitung voraus und ein erfahrener Leiter behielt den Überblick. Es war ein unglaublich tiefes Erlebnis. Davon habe ich noch lange gezehrt.

Veränderung

Vielleicht kennst du den Spruch «Die einzige Konstante im Leben ist die Veränderung». Aus meiner Erfahrung kann ich das bestätigen. In verschiedenen Lebensbereichen und Situationen erleben wir ständig Veränderungen, sei es persönlich, beruflich, gesellschaftlich oder emotional. Kaum etwas im Leben bleibt immer gleich. Selbst Situationen, die auf den ersten Blick stabil erscheinen, können sich im Laufe der Zeit verändern. Die Erkenntnis, dass Veränderung eine Konstante ist, hilft mir, flexibel zu bleiben und die Herausforderungen des Lebens besser zu meistern. Und es hilft mir auch, optimistisch zu bleiben, dass sich die Schule immer mehr zu einer lebendigen und kindgerechten Organisation entwickelt.

Dies ist ein sehr schönes Beispiel für Veränderung:
Auf YouTube habe ich einen Kurzfilm entdeckt, der meiner Meinung nach sehr gut zeigt, was ich mit diesem Prinzip meine. Da sieht man einen bettelnden Mann mit einem Plakat auf der Strasse sitzen. Auf dem Plakat steht: Ich bin blind, bitte

helfen Sie mir. Die meisten Menschen gehen achtlos an ihm vorbei. Eine Frau kommt vorbei, nimmt einen Stift und schreibt etwas Neues auf das Plakat: Es ist ein schöner Tag und ich kann nichts sehen. Jetzt gehen die Leute nicht mehr achtlos an ihm vorbei, sie spenden viele Münzen. Der Blinde fragt die Frau, was sie geschrieben hat: «Es ist dasselbe, nur mit anderen Worten.»

Die Art und Weise, wie wir Worte wählen, spiegelt unsere innere Einstellung wider, und letztlich ist es unsere innere Einstellung zu einer Sache, die das Ergebnis bestimmt. Sobald ich mir die Mühe mache, anders über eine Sache nachzudenken, erhalte ich neue Einsichten, die zu anderen Handlungen und damit zu Veränderungen führen können. Auch das ist Lernen.

Zwei kleine Übungen zum Thema «Veränderung»:

Wechsle bei bestimmten Tätigkeiten wie Zähneputzen, Schreiben oder Besteck halten bewusst die gewohnte Hand. Benutze also die linke statt der rechten Hand. Man sagt, dass das Gehirn mindestens 21 Tage braucht, um sich eine neue Gewohnheit anzueignen. Es geht nicht darum, dass du dich umprogrammieren musst. Es geht darum, zu spüren, was es mit dir macht und wie du dich dabei fühlst.

Oder hast du schon einmal ausprobiert, wie es ist, wenn man nicht sieht, was man isst? Mit meinem Sohn habe ich das oft gemacht, als er klein war. Abwechselnd haben wir die Augen geschlossen und einen Bissen vom Teller direkt in den Mund bekommen. Neben den Geschmackssinnen wird dabei auch das Vertrauen «trainiert». Denn blind würden wir sicher nicht essen, das Auge isst ja bekanntlich mit.

Ich hatte ein einschneidendes Erlebnis, das mit Veränderung zu tun hatte. In der Primarschule lernte ich Gitarre spielen. Ich war mehrere Jahre beim selben Lehrer und mochte das Üben und Spielen sehr. Am liebsten spielte ich Flamenco. Als ich dann aufs Gymnasium kam, konnte ich auch dort Gitarrenunterricht nehmen. Gleich zu Beginn bemängelte der neue Gitarrenlehrer meine Handhaltung und wollte mir beibringen, wie ich sie verbessern kann, um auch technisch schwierigere Stücke spielen zu können. Aber die Stücke, die ich vorher gelernt hatte, waren zum Teil schon anspruchsvoll und ich kann sagen, dass ich gut gespielt habe.

Es war nicht einfach, eine Körperhaltung und Spielweise, die ich über Jahre gelernt hatte, einfach so zu ändern, zumal ich den Sinn nicht verstehen konnte. Ich habe mein Bestes gegeben, um weiterhin Fortschritte zu machen. Aber der Unterricht und das Üben wurden für mich zur Qual, und so verlor ich mit der Zeit die Freude am Gitarrenspiel, das ich früher so geliebt hatte.

Nach der Matura habe ich die Gitarre weggelegt. Im Rahmen der Lehrerausbildung musste ich mich wieder damit beschäftigen. Ich hatte dort eine sehr gute Lehrerin, die meine Handhaltung glücklicherweise nicht kritisiert hat. Aber für mich war es nur noch ein Pflichtprogramm. Ich konnte nie wieder zu meiner ursprünglichen Spielfreude zurückfinden. Mit der Zeit habe ich sogar verlernt, Gitarre zu spielen. Ich konnte nur noch ein bisschen klimpern. Heute besitze ich keine Gitarre mehr.

Auch wenn diese Geschichte ein wenig tragisch klingt, so ist sie doch ein Teil von mir und diese Erfahrung war wahrscheinlich wichtig für meinen Lebensweg und mein Verständnis von Lehren und Lernen.

Natürlich ist es etwas anderes, etwas zu ändern, wenn man es selbst tun will. Zum Zeitpunkt des Schreibens dieses Buches bin ich gerade dabei, meine persönliche Handschrift zu verändern. Das Vimala-Alphabet hat mich dazu inspiriert. Es ist interessant, an mir selbst zu beobachten, wie schwierig es ist, bestimmte minimale Bewegungs-muster zu verändern. So kann ich auch bestens nachempfinden, wie es ist, wenn man als Kind die ersten Buchstaben übt und wie anstrengend es sein kann, bis man etwas schreiben kann, ohne sich noch auf das Schreiben der Buchstaben zu konzentrieren.

Ich versuche, die neue Schrift in meinen Alltag zu integrieren. Früher habe ich mich ständig beeilt, Notizen aufzuschreiben, weil ich dachte, dass mir sonst der Gedanke abhanden kommt. Dabei habe ich oft so nachlässig geschrieben, dass ich manchmal meine eigene Handschrift nicht mehr entziffern konnte.

Die neue Schrift ist noch nicht automatisiert und zwingt mich geradezu, ganz bewusst zu schreiben und mir Zeit zu nehmen. Es ist erstaunlich, aber das Geschriebene bekommt für mich eine ganz neue Qualität und plötzlich lese ich meine eigenen Notizen wieder gerne.

Lernen und Bewegung

Schon früh habe ich mich mit alternativen Lernmethoden auseinandergesetzt. Ich wollte herausfinden, warum manche Kinder Schwierigkeiten beim Lernen haben und warum Üben allein nicht viel Erfolg brachte. Mein tiefster Wunsch war es, dass Kinder effektiv lernen und ihre Lernblockaden überwinden können.

Lernblockaden können die Ursache auf der neurologischen Ebene haben. Fehlende oder nicht ausgebildete Vernetzungen im Gehirn können zu einem Ungleichgewicht im Denken, Fühlen und Handeln führen. Die traditionelle Pädagogik geht davon aus, dass der Mensch Einsicht und Verständnis für sein Verhalten haben muss und Lernen somit eine reine Willensfrage ist. Viele Bereiche des Verhaltens und Lernens sind uns aber nicht bewusst und der Zugang zu ihnen erfolgt nicht immer nur intellektuell (Sprache und Denken), sondern offenbar auch über Körperwahrnehmung und Bewegung.

Du kannst einen kurzen Test mit deinem Kind machen. Nenne Körperteile, die berührt werden sollen. Zum Beispiel: Berühre dein linkes Knie mit der linken Hand, berühre jetzt dein rechtes Ohr mit der linken Hand, berühre jetzt dein rechtes Bein mit der linken Hand, und so weiter. Du wirst feststellen, dass es nicht immer einfach ist, diese Übung ohne Fehler zu absolvieren.

Nicht nur Rechts-Links, sondern auch Vorne-Hinten, Oben-Unten und Nah-Fern müssen im Körperempfinden wahrgenommen. Es kann sein, dass ein Kind rechts und links oder ähnliche

Buchstaben verwechselt, weil ihm die Körperwahrnehmung fehlt.

Lernen sollte also nicht nur als rein intellektuelle Leistung betrachtet werden. Der Körper spielt dabei eine entscheidende Rolle, ebenso wie emotionale Aspekte wie Fühlen und Empfinden.

Der natürliche Bewegungsdrang von Kindern macht absolut Sinn. Wenn Kinder klettern, schaukeln, balancieren oder rückwärts gehen, üben sie nicht nur das Gleichgewicht, sondern knüpfen auch wichtige neuronale Verbindungen im Gehirn. Diese bilden tatsächlich eine entscheidende Grundlage für das spätere schulische Lernen.

Nun, es gibt viele interessante Methoden, die auf den oben genannten Überlegungen basieren und bei Lernproblemen helfen sollen. So habe ich selbst einen Brain Gym Kurs und die Ausbildungen in Evolutionspädagogik und Reflexintegrationstherapie absolviert. Allerdings wende ich die Methoden nur noch selten an. Das liegt nicht daran, dass ich von der Wirkung der Methoden nicht überzeugt bin. Es hat mit meinem persönlichen Weg und Charakter zu tun. Wenn mich etwas, mit dem ich mich privat beschäftige, nicht mehr wirklich begeistert, höre ich einfach auf und suche mir etwas anderes, das mich interessiert. Ich sehe mich auch weniger als Therapeutin, sondern eher als Impulsgeberin. Zum Glück muss ich mich als Erwachsene nicht für die vielen Wechsel meiner Interessen rechtfertigen.

Die erwähnten und weitere Methoden arbeiten mit den Prinzipien der Koordination und Motorik unter Einbezug der Gehirnfunktionen. Das Lernen des Schulstoffes selbst steht nicht im Vordergrund, sondern es wird an den Voraussetzungen für erfolgreiches Lernen gearbeitet. Lernschwierigkeiten werden in diesen Therapien als Ungleichgewicht in der Entwicklung gesehen. Die Übungen zielen darauf ab, dieses Gleichgewicht durch spezifische Übungen und Interventionen wiederherzustellen.

Die Ausführung spezifischer Bewegungen erfordert komplexe Gehirnaktivitäten und die Koordination verschiedener Muskelgruppen. Häufig beinhalten diese Übungen ungewohnte Bewegungen oder Bewegungsabläufe bei denen das Kind (oder

der Erwachsene) anfangs grössere Schwierigkeiten hat.

Wenn man diese Übungen regelmässig macht, verbessern sich die motorischen Fähigkeiten, was sich positiv auf die Gehirnfunktionen und auswirken kann. Eine weitere Grundannahme für diese Art von Therapien ist, dass körperliche Aktivität dazu beitragen kann, Stress abzubauen. Forschungsergebnisse zeigen, dass Stresshormone sich negativ auf das Gehirn auswirken können und zu Gedächtnis- und Konzentrationsstörungen führen können.

Einige Jahre lang war ich im Speedstacking, auch Sportstacking genannt, aktiv. Ich habe sogar erfolgreich an Wettkämpfen teilgenommen (die Konkurrenz war damals noch nicht so gross). Bei dieser Sportart geht es darum, Becher nach einem vorgegebenen Ablauf so schnell wie möglich auf- und abzustapeln. Dabei wird unter anderem die Augen-Hand-Koordination geschult. Ich war lange Zeit sehr fasziniert und habe fleissig trainiert. Denn ich merkte, wie ich nach kurzer Zeit immer bessere Ergebnisse erzielte. Es gab mir ein sehr positives Gefühl, wenn ich meine eigene Bestzeit unterbieten konnte. Nach dem Üben merkte ich auch jedes Mal, dass ich schneller am Laptop tippen konnte. Auch sonst habe ich gemerkt, dass es sich positiv auf mein Wohlbefinden ausgewirkt hat.

Inzwischen habe ich die Wettkämpfe und das regelmässige Üben aufgegeben. Heute macht es mich nervös, so schnell sein zu müssen. Ab und zu nehme ich die Becher aber noch hervor und bin erstaunt, dass ich nach kurzer Zeit wieder annähernd so gute Zeiten schaffe wie früher.

Was ich mit diesem Beispiel sagen will: Ich denke, alle Methoden oder Tätigkeiten, bei denen bestimmte Bewegungsabläufe eine Rolle spielen, können dir sicherlich helfen, dich besser konzentrieren zu können und sich positiv auf deinen Körper auswirken. Ob sie tatsächlich helfen, Lernblockaden zu überwinden und das Lernen zu verbessern, wie es einige dieser Methoden versprechen, muss im Einzelfall geprüft werden.

Sich zu bewegen tut gut und eine neue Fähigkeit zu erlernen kann sehr bereichernd sein.

Ganz wichtig finde ich aber, dass es mit guten Gefühlen verbunden ist und Freude bereitet.

Selbständiges Denken und Lernen

Den folgenden Text habe ich im Rahmen meiner
Lehrerausbildung verfasst. Das Thema Selbstständigkeit war mir schon immer wichtig. Der ur-
sprüngliche Text war etwas länger, ich habe ihn
hier etwas gekürzt.

In der Schule ist es unmöglich, alles zu lehren und
zu lernen. Selbst bei höchster Professionalität gibt
es keine Garantie dafür, dass der vermittelte Lernstoff von allen Kindern genau gleich und gut verstanden wird. Daher finde ich es wichtig, das selb-
ständige Denken zu fördern.
Wir sind schöpferische Wesen und sollen von unserer Gedankenkraft Gebrauch machen. Ein selbständig lernendes und denkendes Individuum
schöpft aus dem ihm zur Verfügung stehenden inneren und äusseren Ressourcen, um ein

eigenständiges Produkt zu erschaffen, zum Beispiel einen Gedanken, eine Zeichnung, einen Text und natürlich auch einen Gegenstand.

Selbstständigkeit auf der Gedankenebene bedeutet für mich auch, dass ich mir einen Inhalt aneigne und ihn dadurch verstehe. Je selbstständiger ich bin, desto grösser ist mein Handlungsspielraum.

Für die Zukunft brauchen wir Menschen, die selbstständig denken und handeln können. Und zwar nicht nur jeder für sich, sondern die individuellen Ressourcen sollen in und für die Gemeinschaft zum Tragen kommen. Das hat auch viel mit Würde zu tun.

Diesen Text habe ich vor mehr als 10 Jahren geschrieben. Inzwischen hat sich mein Verständnis von selbständigem Denken und Lernen erweitert. Selbstständiges Denken und Lernen kann man nicht lehren, weil es mit Selbstbewusstsein und Selbstverantwortung zu tun hat. Man muss es erleben und immer wieder neu erfahren. Ohne Motivation, Neugier und Kreativität ist Selbständigkeit schwer zu erreichen.

Der Lehrplan beschreibt ein übergeordnetes Lernziel, nämlich dass die Bildung in der Schule zu selbständigem, selbstdenkendem und selbstverantwortlichem Handeln führen soll.

Eigentlich ein wunderbares Ziel. Aber wie erreicht man das? Mit ein bisschen aktiver Mitgestaltung im Unterricht ist es nicht getan. Selbstorganisiertes Lernen oder Werkstattarbeit (Postenarbeit) darf nicht missbraucht werden, um Eltern oder Behörden vorzugaukeln, dass hier Selbständigkeit gefördert wird. Es braucht die tägliche Interaktion in Form von Schüler-Lehrer-Gesprächen. Es hat viel mit der persönlichen Wertehaltung der Lehrperson und mit Beziehung zu tun, der Stoff und die Lernformen spielen dabei eine untergeordnete Rolle.

Wer Selbständigkeit fördern will, muss auch mit Fehlern umgehen können und Überbehütung vermeiden. Fehler sind normal und Teil des Lernprozesses. Selbst ein völliges Scheitern kann einen enormen Lernprozess auslösen, wenn es nicht als Katastrophe betrachtet wird. Im Gegenteil, das Eingeständnis des Scheiterns kann, wenn es nicht beschämend ist, Raum für Neues schaffen.

Ein weiterer Aspekt des selbständigen Denkens ist die freie Meinungsäusserung und der Umgang mit anderen Denkweisen. Dazu möchte ich ein persönliches Erlebnis aus meiner Schulzeit erzählen.

Es gab ein Lied, das ich nicht mochte. Als ich einmal nicht mitsang, fragte mich die Lehrerin, warum ich nicht mitsinge. Ganz ehrlich antwortete ich: «Weil ich das Lied blöd finde». Daraufhin hat mich die Lehrerin zur Strafe vor die Tür gesetzt. Dieses Erlebnis hat mich sehr geprägt. Was ich damals daraus gelernt habe, weiss ich nicht mehr genau. Aber es hat mich vorsichtig und unsicher gemacht, meine Meinung zu etwas zu sagen.

Diese Erfahrung hat mich als Erwachsene gelehrt, mit den Äusserungen von Kindern achtsamer umzugehen. Es zeigt sich oft, dass Kinder ihre Gefühle und Gedanken auf ihre eigene Art und Weise ausdrücken, die für sie in diesem Moment passend ist. In solchen Situationen versuche ich, einen empathischen Zugang zu finden und ihre Perspektive zu erkennen, auch wenn die Form der Äusserung ungewöhnlich oder irritierend erscheint. Zugegeben, das gelingt mir nicht immer.

Manchmal muss man einfach schnell reagieren oder eine Entscheidung treffen.

Lernprobleme

Lernprobleme sind vielfältig und zeigen sich unabhängig von der Schulungsart. Sie sind nicht ausschliesslich auf das traditionelle Schulsystem zurückzuführen.

Hier sind einige Beispiele, wo Lernprobleme oder Lernschwierigkeiten aus der Sicht von Pädagogen auftreten können: Beim Lesen- und Schreibenlernen, beim Minusrechnen, beim Leseverständnis, bei der Rechtschreibung, bei der Feinmotorik, bei der Merkfähigkeit, bei der Aufmerksamkeitsspanne usw.

Der Grund für Lernschwierigkeiten liegt aus Sicht von Fachleuten oft in der Veranlagung, in einer Verarbeitungsstörung des Gehirns, in mangelnder Motivation, aber auch in Ängsten oder anderen psychischen Problemen. Mir ist aufgefallen, dass die Ursachen, wenn überhaupt, erst ganz am Ende in Problemen der Körperwahrnehmung gesucht werden.

Es gibt immer wieder Schüler, die Probleme beim Lesen oder auch beim Vorlesen haben. Man kann ausprobieren, ob es nicht besser ist, den Lesetext auf Augenhöhe zu halten, so dass der Blick nicht nach unten gerichtet ist. Bei sehr vielen Kindern hilft dieser kleine Trick. Dies ist ein kleines Beispiel für meine Theorie, dass man nicht nur durch Üben besser wird, sondern dass man auch seinen Körper einbeziehen muss. Das habe ich aber bei keiner Heilpädagogin und auch nicht an der pädagogischen Hochschule gelernt.

Manchmal gibt es kleinere Lernprobleme, die sich leicht beheben lassen. Das sind Situationen, in denen Kinder Aufgaben oder Anforderungen anders verstehen, als es die Aufgabenstellung oder der Aufgabensteller erwartet. Die beiden Seiten stimmen also nicht überein. Solche Lernprobleme können sehr schnell gelöst werden, da es sich meiner Erfahrung nach nicht um Lernprobleme, sondern um Kommunikationsprobleme handelt.

Lernprobleme können aber auch durch Aufgaben entstehen, die eine Vielzahl von Kompetenzen gleichzeitig erfordern. Zum Beispiel kommt es oft zu Verwirrung bei Minusrechnungen, wenn diese unterschiedlich dargestellt werden. «20 - 3=?» ist eine normale Minusaufgabe. Die Aufgabe «?- 3= 17» ist für viele Kinder verwirrend, weil man addieren muss, um das Ergebnis zu erhalten, obwohl kein Pluszeichen vorhanden ist.

Jetzt möchte ich aber zu dem Aspekt kommen, der mir beim Thema Lernprobleme am wichtigsten ist. Wir sind gesellschaftlich so trainiert, dass wir bei Problemen die Ursache bei demjenigen suchen, der die Lernprobleme hat.

Es sind also die Erwachsenen, die sagen, dass ein Kind Probleme hat. Das Kind selbst würde ohne Lehrer vielleicht gar nicht merken, dass es ein Problem hat. Es würde weiter lernen und vielleicht später, wenn ein Lehrer hinschaut, würde er gar nicht merken, dass das Kind Probleme hatte.

Ich möchte also dazu anregen, darüber nachzudenken und sich zu fragen: Für wen ist das Problem eigentlich ein Problem? Was ist das eigentliche

Problem? Welche Gedanken und Gefühle hat der Mensch mit den Lernproblemen und wie geht es ihm damit? Wird richtig zugehört? Wird der Mensch so gesehen, wie er ist?

Ein interessanter Ansatz ist, dass die Lösung eines Problems oft im Problem selbst liegt.

Kreativität

Ich habe festgestellt, dass der Begriff Kreativität für viele Menschen auf die Herstellung oder das Endresultat eines Produkts beschränkt ist, zum Beispiel ein witziger Text mit überraschenden Wendungen oder eine tolle Bastelarbeit.

Wenn man von sogenannten kreativen Unterrichtsmethoden oder Spielen hört, kann man das Wort kreativ ruhig durch modern, lustig, spannend und so weiter ersetzen.
Denn nicht die Methoden oder Spiele an sich sind kreativ. Sie sind vielleicht in einer kreativen Phase

entwickelt worden. Im besten Fall ermöglichen sie kreatives Handeln und Denken. Eine Methode ist vorgegeben und etwas Vorgegebenes kann nicht kreativ sein. Kreativität gilt als modern und der Begriff wird meiner Meinung nach als Marketingtrick missbraucht.

Kreativität entsteht, wenn vorhandenes Wissen oder Fertigkeiten mit neuen Ideen kombiniert werden. So kann Neues entstehen. Dies geschieht jedoch nicht auf Knopfdruck. Das Vertrauen in die eigene Kreativität und auch das Zulassen von Kreativität muss oder kann trainiert werden. Dazu gehört auch, Langeweile auszuhalten. Und Erwachsene können sich darin üben, zu beobachten und nicht sofort einzugreifen und zu bewerten. Druck, Kontrolle, wenig Zeit und der Vergleich mit anderen hemmen die Kreativität. Genau das passiert tagtäglich in den meisten Schulen.

Man sagt, dass kreative Menschen neugierig, offen und flexibel sind. Dass sie bereit sind, Fehler zu machen und aus ihnen zu lernen. Dass sie in der Lage sind, Dinge aus verschiedenen Blickwinkeln zu betrachten. Sie haben Freude daran, Lösungen zu finden und Visionen zu entwickeln.

Für mich ist jeder Mensch kreativ, denn Kreativität ist eine Gabe des Geistes, die wir mit ins Leben bringen. Bei manchen ist sie vielleicht etwas stärker ausgeprägt als bei anderen, aber die Fähigkeit zur Kreativität hat jeder.

Ich wünsche mir, dass der Kreativität mehr Aufmerksamkeit geschenkt wird. Ich denke, dass sie unser Leben fröhlicher und lebendiger macht.

Über das Üben

Ich denke, die Notwendigkeit des Übens wird von niemandem ernsthaft in Frage gestellt. Dennoch musste ich mich eine Zeit lang intensiver mit dieser Frage auseinandersetzen, da ich dem Üben eine Zeit lang kritisch gegenüberstand. Dies geschah, als ich mich mit den Konzepten des freien Lernens auseinandersetzte und Üben mit Drill gleichsetzte.

Kinder üben oft unbewusst, sei es beim Erlernen von Grundfertigkeiten wie Sitzen, Gehen und Sprechen oder beim Spielen. Hier kann Üben mit Lernen gleichgesetzt werden.

Manche Fertigkeiten kann man üben, ohne sie vollständig zu verstehen, wie zum Beispiel das Schreiben von Zahlen. Viele Dinge müssen jedoch erst verstanden werden, bevor das Üben Sinn macht. Die Anstrengung des Übens wird seltener anerkannt. Oft wird nur die Leistung nach intensiver Vorbereitung auf eine Prüfung anerkannt.

Etwas theoretisch verstanden zu haben, heisst noch lange nicht, dass man es auch kann. Das kann man nur durch Übung. Es ist fast nicht möglich, etwas zu verstehen, indem man es nur übt. Üben bedeutet, immer wieder das Gleiche zu wiederholen. Das macht nicht immer Spass und vielen Kindern fällt das schwer. Üben erfordert Anstrengung, Willenskraft, Aufmerksamkeit und Konzentration.

Üben ist aber Teil des Lernprozesses. Durch Wiederholung werden Abläufe automatisiert (auch im

Gehirn) und Lerninhalte gefestigt. Das entlastet den Arbeitsspeicher des Gehirns und erhöht die Chance, ein höheres Niveau zu erreichen. Übung macht den Meister. Mit etwas Phantasie lassen sich Übungen finden, bei denen die Kinder üben, ohne zu merken, dass sie üben. Das Wort «üben» kann oft durch die Wörter «trainieren» oder «spielen» ersetzt werden.

Individualisieren

Die Lehrer sind dazu angehalten, den Unterricht an unterschiedliche Lerngruppen anzupassen, da jedes Kind individuelle Stärken und Schwächen hat. Eine Möglichkeit, diesem Anspruch gerecht zu werden, besteht darin, während des gemeinsamen Unterrichts die Unterstützung des einzelnen Kindes durch den Lehrer zu intensivieren oder differenzierte Aufgaben, etwa in Form von Werkstattarbeit, mit unterschiedlichen Schwierigkeitsgraden anzubieten.

In den letzten Jahren wurde der separate Unterricht nicht nur für schwächere Schüler, sondern auch für besonders begabte Kinder durch spezielle Förderprogramme (Begabtenförderung) erweitert. Obwohl diese Massnahmen den individuellen Lernfortschritt fördern können, ist der Unterricht damit nicht wirklich individualisiert.

Individualisiert unterrichten ist nicht dasselbe wie individualisiert lernen.

Lernen ist grundsätzlich individuell, da jedes Kind unterschiedliches Vorwissen hat, auf verschiedene Weisen lernt und Erkenntnisse unterschiedlich erlangt. Die Unterrichtsmethode allein kann den Lernzuwachs nicht vollständig beeinflussen. Wir wissen eigentlich nicht genau, wie Lernen funktioniert, wie bereits beschrieben. Einfach ein Kind seinen persönlichen Arbeitsplan durcharbeiten zu lassen, ist keine echte Individualisierung.

An dieser Stelle möchte ich erwähnen, dass in Schulen oft gesagt wird: «Ihr müsst jetzt arbeiten.» Ich selbst verwende dieses Wort auch häufig, weil es an Schulen gängig ist und die Kinder wissen, was damit gemeint ist. Dennoch finde ich das Wort «arbeiten» für die Schule schrecklich. Lernen in der Schule sollte keine Arbeit sein, sondern ein aktiver Prozess des Tuns, Schreibens, Lesens, Nachdenkens, Ausprobierens, usw.

Individuelles Lernen ist nur möglich, wenn man das Kind in seiner Ganzheit wahrnimmt, mit ihm in eine authentische Beziehung tritt und ihm erlaubt, seinen Interessen in seinem eigenen Tempo nachzugehen. Dann ergibt sich individuelles Lernen von selbst. Mit Kuschelpädagogik hat das nichts zu tun. Der Begriff «Kuschelpädagogik» steht für mich eher für eine undifferenzierte Kritik an innovativen Schulmodellen.

Ich glaube, dass individuelles Lernen, so wie ich es verstehe, in den traditionellen Schulen gegenwärtig kaum möglich ist.

98% der Kinder kommen hochbegabt zur Welt, nach der Schule sind es nur noch 2 %.

aus Alphabet, der Film

Wo ich jetzt stehe

Wenn du bis hierher gelesen hast, hast du sicher gemerkt, dass ich ein bisschen anders über Schule denke als die meisten. Aber vielleicht täusche ich mich und es gibt da draussen viele, die ich noch nicht kenne, die sich eine andere Schule, eine andere Form der Bildung wünschen.

Wenn viele meiner Gedanken für dich neu sind, dich aber neugierig machen, so empfehle ich dir den Film «Alphabet». Im Internet findest du auch einen interessanten Beitrag von Ken Robinson, er heisst «Bildung völlig neu denken».

Nun möchte ich dir zum Schluss noch ein paar persönliche Dinge über mich und meine Beziehungsreise mit der Schule erzählen.
Die ersten fünfzehn Jahre habe ich mit viel Freude unterrichtet. Im Nachhinein kann ich sagen, dass ich zuerst einmal Erfahrungen sammeln musste. Als ich begann, das Schulsystem immer mehr in Frage zu stellen, wurde ich unzufrieden und ärgerte mich über alles. Als mein Sohn in die Pubertät kam, sagte er immer zu mir: «Mami, hör doch

mit der Schule auf!» Das wäre die Lösung gewesen. Aber ich musste den Lebensunterhalt für mich und meinen Sohn verdienen (ich war alleinerziehend) und sah keine sinnvolle Alternative.

Mir fehlte auch der Mut, etwas wirklich Neues anzufangen. Hinzu kam, dass ich als ursprünglich ausgebildete Sekundarlehrerin nach einigen Jahren Arbeit in der Primarstufe gezwungen war, die Lehrbefähigung für die Primarstufe zu erwerben, weil das stufenfremde Unterrichten nur während einer begrenzten Zeit erlaubt war. So konnte ich als über 40-jährige Studentin einen Vergleich zu meiner Erstausbildung ziehen. Dazwischen lagen 20 Jahre, und ich habe die Ausbildung an der pädagogischen Hochschule Zürich einerseits als sehr bereichernd, andererseits aber auch als sehr akademisch erlebt.

Als ich begann, Deutsch als Zweitsprache zu unterrichten, musste ich auch noch die entsprechende Ausbildung absolvieren. Diese Ausbildung war die beste, die ich je im Rahmen meiner Lehrerausbildung gemacht habe. Es hat mich fasziniert, die deutsche Sprache aus der Perspektive einer Lernenden zu entdecken, der sie noch nicht beherrscht. Ich erkannte, wie tiefgehend die Funktion der Sprache ist. Ich begann über den tieferen Sinn von Wörtern nachzudenken.

In den letzten Jahren habe ich angefangen, mehr für mich selbst zu tun.

Am liebsten hätte ich gar nichts mehr mit Schule zu tun. Aber jedes Mal, wenn ich Kindern begegne, die offen sind und eine natürliche Neugier und Freude mitbringen, empfinde ich ein grosses Glücksgefühl. Es gab Momente in meinem Unterricht, da habe ich vor Rührung geweint und die Kinder haben es gesehen. Ich glaube, da hat etwas meine Seele berührt, und ich glaube, die Sehnsucht nach diesem Gefühl hat mich angetrieben und dazu geführt, dass ich den Lehrerberuf noch nicht ganz aufgegeben habe.

Aber ich habe genug von den Herausforderungen und Zwängen einer Festanstellung als Lehrerin an einer öffentlichen Schule. Ich habe genug von all dem Papierkram, dem Stoffdruck, dem Evaluations- und Optimierungswahn. Ich habe die Nase voll von dem Versuch, Kinder in ein Schema zu pressen, wie sie zu sein haben.

Oft waren die besten Unterrichtsstunden jene, für die ich nichts vorbereitet hatte und in denen sich gemeinsam mit den Kindern ein wunderbarer Raum des Lernens öffnen konnte.

Der Schulwandel ist da, es gibt immer mehr Privatschulen und Lerngruppen, die sich dem freien Lernen verschrieben haben. Ich gratuliere allen, die sich auf den Weg machen und nicht nur über neue Wege reden, sondern sie auch mutig gehen und ihre Erfahrungen damit sammeln.

Ich wünsche mir sehr, dass es einen Austausch gibt zwischen denen, die andere Wege gehen, und denen, die in öffentlichen Schulen arbeiten. Es sollte kein Entweder-Oder sein, sondern ein Sowohl-als-auch, ein Miteinander und kein Gegeneinander.

Ein einziges ideales Schulsystem für alle gibt es wahrscheinlich nicht. Dafür sind wir Menschen zu unterschiedlich.

Aber wir können versuchen, die Perspektive zu wechseln und andere Möglichkeiten auszuprobieren. Auch die Schule selbst sollte als lernende

Organisation verstanden werden. Man sollte den Schulen mehr Autonomie geben, dass sie sich auf die Gegebenheiten vor Ort einstellen können. Ganz wichtig finde ich auch, dass man die Anliegen der Lehrerschaft ernst nimmt und nicht einfach von oben herab bestimmt.

Entwicklung findet von innen nach aussen statt. Vertrauen, Neugier, Kreativität und Freude sollen uns dabei begleiten. Beginnen muss jeder bei sich selber.

Nun komme ich wirklich zum Schluss und ich möchte dich ansprechen.

Was denkst du über das Ganze?

Gehörst du vielleicht auch zu jenen Lehrpersonen, die anders denken und trotzdem an der Schule bleiben? Wie schaffst du das? Möchtest du mir über deine Erfahrungen berichten?

Ich freue mich auch auf Rückmeldungen von Nicht-Lehrpersonen.

Wer weiss, vielleicht entsteht aus euren Rückmeldungen ein Projekt oder ein neues Buch.

Schreibe mir an diese E-Mail-Adresse:
annettesidler(at)protonmail.com

Und hier zum Schluss ein Zitat von meiner Lieblingsheldin:

Das habe ich noch nie vorher versucht, also bin ich völlig sicher, dass ich es schaffe.

Pippi Langstrumpf